Dieses Buch gehört:

Werner Küstenmachers

HIMMLISCHE BILDERBÖGEN

über Gottes Bodenpersonal

Eingeleitet von Pfarrer Adolf Sommerauer

Verlegt bei Claudius in München

CIP-Kurztitelaufnahme der Deutschen Bibliothek

Küstenmacher, Werner:
[Himmlische Bilderbögen]
Werner Küstenmachers himmlische Bilderbögen :
über Gottes Bodenpersonal / eingel. von Adolf
Sommerauer. – 1. Aufl. – München : Claudius, 1982.
ISBN 3-532-62002-2

1. Auflage 1982

8000 München 19, Birkerstraße 22

Druck: gwd Hans Venus, München

ISBN 3-532-62002-2

ZUM GELEIT

Satire, Ironie, Karikatur, Humor – jeder meint ungefähr zu wissen, was das ist, aber keiner weiß es genau, und dieses Defizit ergibt sich nicht unbedingt aus einem Mangel an Intelligenz. Fast unmöglich, trotzdem unausweichlich ist eine juristische Einordnung dieser Begriffe, meistens freilich nur von bedeutenden Persönlichkeiten gefordert, gefürchtet, erzwungen. Publizisten und Rundfunkanstalten können bei einem solchen Anlaß stolpern, sich gegenseitig aus- und abschalten und schließlich ohne Klärung des Begriffs sich wieder versöhnen. Was sollten sie auch anderes tun? – Schon diese kleine Frage könnte einen Karikaturisten zu einer Zeichnung verführen.
Verzichten wir für unser Vergnügen auf die positive Fassung von Begriffen und halten lieber fest, wohin die oben genannten geistigen Lustbarkeiten *nicht* entarten dürfen.

1. Untauglich ist der nackte Spott, weil er nackt ist, somit ohne Geist auskommt und von der verspotteten Figur leicht als nackt und geistlos angeprangert werden kann. Wer auf Retourkutschen gefaßt sein muß, sollte diese nicht zu bequem ausstaffieren.
2. Untauglich ist die plumpe und auch die etwas verfeinerte Falschmeldung, obwohl der entsprechende Verzicht einem Satiriker bis zur psychischen Erkrankung schwer fallen kann.
Die sogenannte Wirklichkeit ist mitunter so blöd und glatt wirklich, daß man an ihr nur durch eine kleine Fälschung eine Portion Geist aufhängen könnte.
3. Untauglich ist eine unverhüllte Bösartigkeit, die als Rufmord oder so ähnlich strafbar ist, dabei sogar von einem primitiven Gemüt abgelehnt oder mit falschem Beifall bedacht werden kann.
4. Untauglich ist die Langweiligkeit. In diese eingehüllt kann einem Karika-

turisten zwar nichts passieren, aber er erheitert nur sich selbst, wahrscheinlich nicht einmal sich selbst.

5. Untauglich ist schließlich, was geschmacklos ist. Da sich über Geschmack sogar sprichwörtlich streiten läßt, ist bei diesem Gesichtspunkt daran zu erinnern, daß für die Wirkung einer Karikatur die Aufnahmefähigkeit des Verbrauchers so wichtig wie die Kunst des Künstlers ist.

Wenn ein Karikaturist – er mag hier für seine geistigen Verwandten stehen – alle diese Entgleisungen vermeidet, hat er alles, was er möchte und braucht und was man von ihm erwartet – es sei denn, daß er wie der Autor dieses Buches der verwegenen Idee verfällt, sich mit seinen Pfeilen auf mehr oder weniger fromme Ziele einzuschießen. Dann muß er sich außer vor den obengenannten noch vor weiteren zwei Fallgruben hüten: vor einer Gotteslästerung und vor einer speziellen Empfindlichkeit der Christen.
Wenn das ganze Unternehmen so schwierig ist – warum unternimmt man es trotzdem? Neben den persönlichen Motiven, die nur der Autor kennt: Weil eine Karikatur »himmlischer« Vorgänge eine Predigt ist. Die nichtsdestotrotz Vergnügen bereiten soll, den erstaunlichen Schutz der Bezeichnung »Predigt« für sich aber nicht in Anspruch nehmen darf.
Wenn Begriffe sich versagen, sind Beispiele immer noch möglich, deshalb eine Erinnerung an ein Kirchentagskabarett. Es lief unter der Ankündigung »Was bleibt, muß uns doch reichen«. Dieser Einfall ist ein Glücksfall. Darin ist enthalten erstens eine Anfrage an den allzu geläufigen Trost des bleibenden Reiches. Zweitens ein Wortspiel, das in die Nähe eines Freud'schen Versprechers gerät und als solcher immer gut ist für die Heiterkeit. Drittens eine von Wehmut durchsetzte Hoffnung, daß die verloren gegangene Zuversicht zum Reich sich irgendwann und irgendwie doch wieder einstellen wird.

In der Kirche darf man hemmungslos voneinander abschreiben. Das gehört zur Gemeinschaft des Glaubens, gilt auch für den Entwerfer »himmlischer Bilderbögen« und für seine Kritiker. Bedienen wir uns also der oben erinnerten Wortschöpfung und genießen dabei den Vorteil, daß eine Satire mit einer Karikatur zu tun bekommt. Was bleibt – nachdem der Autor wie die Figuren auf dem Titelblatt für sein gefährliches Geschäft zweifellos einen Fallschirm braucht –, muß uns reichen, um in dem Buch »herumzuschmökern« – welch hübsches Wort! Was dabei bleibt, kann tatsächlich reichen.

Adolf Sommerauer

sämtliche
HIMMLISCHE
BILDERBÖGEN
auf einen Blick:

das oekumenische auf und ab

Auf evangelischer Seite herrschen allerlei Vorurteile über die katholische Kirche . . .

. . . die immer wieder neue Nahrung finden.

In jüngerer Zeit gewann der Papst auch bei Protestanten an Sympathie . . .

. . . die allerdings schwankt.

Die gesellschaftlichen Aufgaben teilen sich die katholische . . .

. . . und evangelische Kirche in einer bemerkenswerten Weise.

Auf anderen Gebieten kirchlicher Arbeit . . .

. . . herrscht dagegen der freie Wettbewerb.

Es bleibt eine Streitfrage, ob Ökumene besser in den Gemeinden . . .

. . . oder bei den Kirchenoberen gelingt.

Zumindest gibt es eine Annäherung in einigen Punkten . . .

. . . und auf überraschende Weise.

Darin aber sind sich beide Kirchen einig: Die eigentlichen Probleme liegen woanders.

Angesichts der heutigen kirchlichen Zustände . . .

. . . schwärmt mancher von der guten alten Zeit . . .

. . . die weder gut gewesen sein mag für die Gemeinde . . .

. . . noch für die Pastoren.

Was Christen damals mühsam außerhalb der Kirche aufbauten . . .

. . . gehört heute zum Stolz der Landeskirchen.

Andererseits ging der Schritt nach vorn . . .

. . . öfter auch mal einen Schritt zurück.

Auch die Gegner neuer Frömmigkeit . . .

. . . seien an die gute alte Zeit erinnert.

1980 allerdings hilft den Pfarrrer weder die Vergangenheit . . .

. . . noch die Zukunft.

Die Zukunft, wie sie wirklich ist

Kirche 1999

Trotz vieler Befürchtungen heutzutage ...

... wird es gewiß auch 1999 noch eine bayerische Landeskirche geben.

Dabei mehren sich die Anzeichen, daß sie nicht durch ihre Anpassung ...

... sondern durch ihre Tradition am Leben bleiben wird.

Auf einigen Gebieten wird das Angebot der Kirche immer beliebter werden ...

... auf anderen aber kaum noch in Anspruch genommen werden.

Einige Dinge werden sich natürlich ändern müssen …

… andere wohl kaum.

Der Gottesdienst bleibt der Mittelpunkt des Gemeindelebens …

… wobei die vielen neuen Pfarrer sicherlich von Nutzen sind.

Die katholische Kirche wird sich der evangelischen auch weiterhin annähern …

… und die evangelische der katholischen.

Die Gemeinden werden sich an einiges gewöhnen müssen …

… am meisten aber die Pfarrer.

Die Rede vom „wandernden Gottesvolk" ist aktueller denn je.

KIRCHE IN BEWEGUNG

Schon von Anfang an war die Geschichte Gottes mit den Menschen . . .

. . . mit Reisen untrennbar verbunden.

Die Reisen prominenter Christen waren zur Ausbreitung des Christentums besonders wichtig . . .

. . . und sind es offenbar bis heute.

Reisen in ferne Länder erweitern den Horizont über den eigenen Kirchturm hinaus . . .

. . . und bereichern den persönlichen Glauben.

Die kirchliche Jugendarbeit wäre ohne ein gewisses Maß von Ferienangeboten . . .

. . . zum Scheitern verurteilt.

In unserer mobilen Gesellschaft träumen viele Pfarrer von einer mobilen Kirche . . .

. . . die für andere längst Wirklichkeit geworden ist.

Weil die Gemeindepfarrer viel mit Reisenden zu tun haben . . .

. . . bemühen sie sich, auch Fremden den Gottesdienstbesuch zu erleichtern.

Denn auf Dauer wird die Kirche nur eine Chance haben . . .

. . . wenn sie sich auf die Freizeitgewohnheiten ihrer Mitglieder einstellt.

Missionärrisches

Das Verständnis von Mission...

... hat sich in den letzten Jahrzehnten sehr gewandelt.

Vor 1400 Jahren begann die Christianisierung der Germanen...

... ein Prozeß, der auch 1980 noch nicht abgeschlossen ist.

Die Kirche war bemüht, auch die Außenstehenden anzusprechen ...

... doch ließ das mit der Größe der Organisation mehr und mehr nach.

Die evangelistische Arbeit wurde von freien Gruppen übernommen …

… die dafür keinen Dank erwarten dürfen.

Außenseiter wirkten dabei zuweilen abschreckend …

… die offizielle Kirche aber eher zu vorsichtig.

Denn wenn das Volk trotz aller Erleichterungen nicht in die Kirche kommt …

… muß die Kirche zum Volk.

Aber auch der normale Gottesdienstbesucher kann neue Christen entweder vertreiben …

… oder ihnen eine neue Heimat geben.

Marktlücke Ostern

Das allgemein religiöse, heidnische Erbe der christlichen Feste . . .

. . . erfreut sich zunehmender Beliebtheit.

Das Osterfest der Auferstehung Jesu Christi . . .

. . . gilt als das fröhlichste Fest der Kirche.

Weil es für viele aber nur ein Fest der Eier ist . . .

. . . bemühen sich die Pfarrer, Ostern auch den Kirchenfremden nahezubringen.

Nur noch sehr bewußte Christen begreifen den Sinn der Passionszeit . . .

. . . und auch der Glaube an die Auferstehung ist längst nicht mehr Allgemeingut.

Dafür kann man heutzutage Ostern an den Originalstätten verbringen . . .

. . . und die Originalberichte sind für jedermann zugänglich.

Die schönen Osterlieder allein . . .

. . . machen das christliche Osterfest aber für die breite Öffentlichkeit nicht mehr populär.

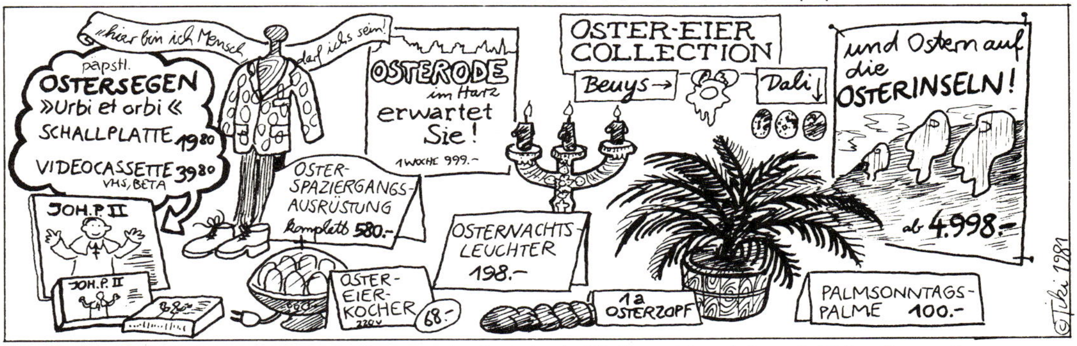

Ein Trost: Daß Ostern einmal ein Kommerzfest wird wie Weihnachten, ist noch Zukunftsmusik.

Pfarr=herrliches

»In unserer Gemeinde gibt es alle nur erdenklichen Charismen!«

Sie konnten zusammen nicht kommen . . .

die ideale Pfarrfrau

Der Wunschtraum aller Kirchengemeinden:
Ein Pfarrer mit einer belastungsfähigen Frau …

… und einer stabilen Ehe.

Denn hinter den beruflichen Erfolgen eines Mannes …

steckt meist seine Frau.

Das dahinterstehende alternative Lohnmodell …

… wird mehr und mehr unterlaufen.

Auch sonst passen die Strukturen mancher Pfarrersehe...

... nicht mehr ins gewohnte Bild.

Es macht auch nichts, wenn eine Pfarrfrau nicht ins gewohnte Klischee paßt...

... Hauptsache, sie ist nicht katholisch.

Dennoch bleibt die Ehe (auch ökumenisch gesehen) ein erstrebenswerter Zustand...

... wenn sie auch nicht das Ende aller Träume ist.

Trotzdem: Die ideale Pfarrfrau gibt es weit häufiger...

... als man auf den ersten Blick meint.

Von einem Mann(!) beobachtet:

FRAUEN, FROMME & FRUSTRIERTE

Was die Frauenfreundlichkeit der Kirche angeht, so klaffen hier Traum …

… und Wirklichkeit weit auseinander.

Wohl weil in Männerhirnen allerlei Phantasien herrschen …

… bleiben kirchliche Ämter den Frauen verschlossen.

Das evangelische Modell vom Pfarrer, dessen Frau mitarbeitet …

… und durch ihr Mutterdasein die Kirche erhält …

… soll auch vom Ansturm der Theologinnen nicht durcheinandergebracht werden …

… zumal die Epoche der treuen Dienerinnen zu Ende geht.

… oder sich zumindest verlagert.

Bewährte Strukturen …

werden höchstens am Weltgebetstag der Frauen durchbrochen.

Saure Wochen, frohe Feste.

und an Himmelfahrt in d
Gottesdienst!
KIRCHWEIH
KIRCHEN-ERKUNDUNGS-RALLYE DER christlichen Pfadfinder
zur Glöckner-Party
kumen.
arty-
Service
as große
endmahl"
SENIOREN-FEST
ORGELEINWEIHUNG
Bach-Tage
17.-31.3.
Dauerorgeln fürs Guinness-Buch der Rekorde

Kaufet die Zeit aus!

Dieser Rat des Apostels (Epheser 5,16)
hat seine Tücken:

Dem einen bereitet er nichts als ein
schlechtes Gewissen ...

... der andere nimmt ihn zu wörtlich.

Wieder andere messen sich an anderen
unerreichbaren biblischen Idealen ...

... oder wollen der Zeit ein Schnippchen schlagen.

Von einigen Ausnahmen abgesehen ...

… hat gerade ein Pfarrer immer für alle Zeit …

… bloß nicht für seine Familie.

Lange Wartefristen bei Freizeitheimen …

… und Beratungsstellen …

… lassen die Zeitnot zum kirchlichen Zentralproblem werden.

Und weil drei Minuten Kirche pro Woche vielen Menschen schon zu viel ist …

… darf man sich auf einiges gefaßt machen.

Besser mit als ohne (Mitarbeiter)

Vor und nach dem Pfarrerreichtum

ALS MESNER BIN ICH FÜR DIESES GEMEINDEHAUS VERANTWORTLICH. DAMIT ES SAUBER BLEIBT, SOLL ES SO WENIG WIE MÖGLICH BENUTZT WERDEN !

Humor ist, wenn man trotzdem lacht –
das gilt besonders für

ein Leben voller Hindernisse

Zwischen Behinderten und Nichtbehinderten herrscht vor allem Ratlosigkeit . . .

. . . und Angst: Sowohl auf Seiten des Helfers . . .

. . . wie auf Seiten des Hilfsbedürftigen.

Man hofft, daß sich im Jahr des Behinderten . . .

. . . das Verhältnis bessert, . . .

. . . zumal es im vergangenen Jahr durch ein Gerichtsurteil stark belastet war.

Obwohl nicht alle Behinderten Rollstuhlfahrer sind . . .

. . . wird viel für sie getan.

Was sich mit großem finanziellen Aufwand für die Behinderten tun läßt . . .

. . . ist zumindest eindrucksvoll.

Aber auch die Segnungen modernster Technik . . .

. . . werden die Probleme unserer behinderten Mitmenschen nicht lösen.

Viel wichtiger für alle Beteiligten ist es, langsam umzudenken.

DEUTSCHLAND, AUSLAND ÜBER ALLES

Schon immer kamen Ausländer nach Deutschland . . .

und machten es zu dem, was es ist.

Ausländer galten hierzulande schon immer als besonders schick . . .

. . . und werden verständnisvoll behandelt, es sei denn . . .

sie verrichten besonders primitive Arbeiten:

Dann werden sie auch oft für primitiv gehalten.

Daß Ausländer ihre Lebensgewohnheiten nicht aufgeben, wird teils bemängelt . . .

. . . teils bewundert.

Das gilt besonders für die Moslems unter ihnen . . .

die die Christen ziemlich verunsichern.

Die Diener der Kirche sind unschlüssig, ob sie offen . . .

. . . oder zurückhaltend auf diese Entwicklung reagieren sollen . . .

. . . die schon längst begonnen hat.

armes Geschöpf Kirche

Die Theologen haben die Angewohnheit . . .

. . . der Entwicklung stets ein wenig nachzuhinken.

Schließlich ist es schwer,
in der Fülle biblischer Aussagen . . .

. . . das passende für die jeweilige Zeit zu finden.

Doch als die Kirche dem Puls der Zeit näherkam . . .

. . . war Undank der Welt Lohn.

Doch auch für die veränderte Situation fanden sich bald zaghafte . . .

. . . oder drastische biblische Begründungen.

Es ehrt die engagierten Christen, daß sie trotz schlechter Erfahrungen . . .

. . . sich auch weiterhin politisch betätigen . . .

. . . und in Einzelaktionen . . .

. . . sogar unerwartete Erfolge erzielten.

Die Moral von der Geschicht': Der Platz der Kirche ist am besten – zwischen allen Stühlen.

Jugendstil

Obwohl viel guter Wille da ist . . .

. . . sind junge Leute nicht so recht für den Hauptgottesdienst zu gewinnen.

Moderne Jugendgottesdienste dagegen sind durchaus beliebt

. . . haben aber ihre eigene Problematik.

So manchem Pfarrer wird die Jugendarbeit allgemein zu viel . . .

. . . und er delegiert sie an Spezialisten.

Die Konflikte zwischen jung und alt erscheinen allerdings oft etwas gekünstelt . . .

. . . wenn man weiß, wo die eigentlichen Probleme liegen.

Die Pfarrer versuchen – so gut es geht – allen gerecht zu werden,

. . . die Gemeinde jugendgerecht zu gestalten . . .

. . . ohne es mit anderen Mitarbeitern zu verderben.

Das Wort Gottes schließlich wird in der Jugendarbeit oft als Fremdkörper empfunden . . .

. . . aber daraus darf man keine falschen Schlüsse ziehen.

Die Jugend braust, das Leben schäumt

Junge Menschen sind ganz am Anfang mühelos . . .

. . . später immer schwieriger in die Kirche zu bekommen.

Daher bemüht sich die Kirche . . .

. . . auf die Bedürfnisse der Jugendlichen einzugehen . . .

soweit die christliche Lehre das erlaubt.

Das geschieht in Zusammenarbeit mit den Jugendverbänden . . .

. . . den alternativen Gruppen . . .

. . . und den Kirchentagen.

Weil sich dort ein neues Verhältnis zu den Rüstungsmilliarden andeutet . . .

. . . sehen kritische Beobachter . . .

die derzeitige Stärke der Bundeswehr gefährdet.

Deshalb werden eventuelle Unruhen . . .

. . . von den Verantwortlichen mit Entschiedenheit bekämpft.

»Bekennen ja, lieber Bruder, aber bitte mit der nötigen Bescheidenheit!«

»Als ich Konfirmand war, mußten wir Sprüche lernen, bis wir die Kirche satt hatten. Warum soll's denen heute besser gehen?«

»Also was die Kinder heutzutage zur Konfirmationsfeier alles anziehen dürfen!«

Dorfidylle

Skizzen vom Lande

»Das Dorf darf nicht veröden!«
beteuern die Regierungen ...

... und die Kirchenleitungen.

Durch beherzte Reformen ...

... wird der dörfliche Raum auch
wirtschaftlich erschlossen.

Trotz der fehlenden Kulturereignisse
ziehen Stadtfamilien aufs Land ...

... weil ihre Kinder dort viel gesünder aufwachsen.

Auch junge Menschen ziehen in die Dörfer, um dort anders zu leben ...

... und über die zerstörte Umwelt nachzudenken.

Zentrum des dörflichen Lebens ist die Kirche ...

... und das Wirtshaus.

Von den gesellschaftlichen Problemen bleiben die Dörfer nicht verschont ...

... finden aber oft überraschende Lösungen.

So könnte die Kirche, die ihre vielen neuen Pfarrer nicht bezahlen kann ...

... z. B. von den »Nebenerwerbsbauern« lernen.

Notizen zu dem Medium, das Sie gerade selbst in Händen halten

Kirche im Druck

Im Gegensatz zu ihren Anfängen ...

... entfaltete die Kirche schon bald einen regen Schriftverkehr, ...

... so daß schon nach wenigen Jahrzehnten ...

... Rationalisierungsmaßnahmen nötig wurden.

Seit dann ein Schriftstück die Reformation auslöste, ...

... gehören Kirche und Druckerzeugnisse untrennbar zusammen.

Dabei gilt es zu unterscheiden zwischen vergänglichen Kleinschriften ...

... und unvergänglicher Fachliteratur.

In vielen Ländern ist die Bibel nach wie vor das meistgelesene Buch ...

... in anderen Ländern lediglich das meistgekaufte.

Auch für die Hand der Gemeinde steht vielseitige geistige Kost zur Verfügung ...

... wobei Inhalt und Form nicht immer eine Einheit bilden.

Wie Sie aber gerade selber sehen ...

... bemüht man sich zusehends um eine anregende Gestaltung kirchlicher Blätter.

draußen vor der Tür

(und was danach kommt).

Überließ man die christliche Pflicht des Besuchens einst dem Zufall . . .

. . . so verläßt sich der moderne Christ lieber auf den professionellen Spezialisten.

Obwohl viele Gemeindeglieder auf dem Besuch des Pfarrers bestehen . . .

. . . sind immer mehr Laien bereit, sich für den mühsamen Besuchsdienst schulen zu lassen.

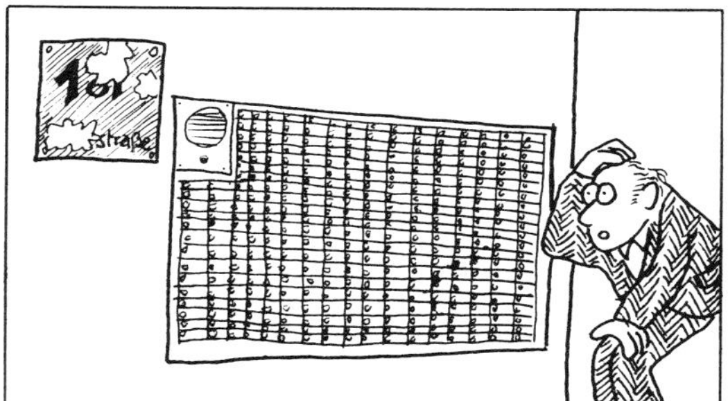

Denn: Falls man den Gesuchten findet, . . .

. . . seinen Namen entziffern kann, . . .

. . . es wagt, zu läuten, . . .

. . . mit den technischen Hilfen zurechtkommt und der Betreffende wirklich anzutreffen ist, . . .

. . . ist da immer noch die Angst des Besuchers, . . .

. . . die der Angst des Besuchten jedoch oft ziemlich ähnlich ist.

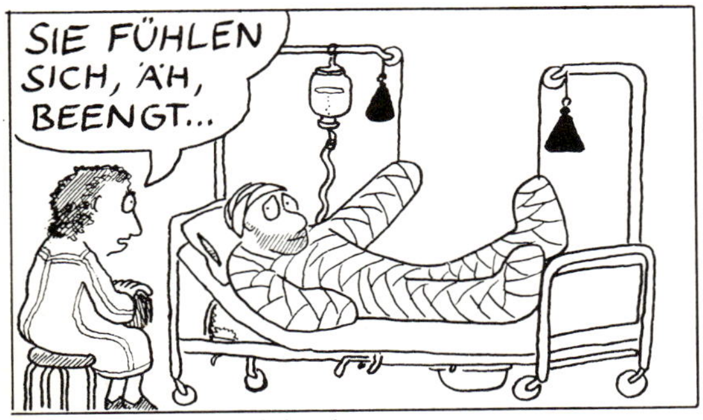

Trotz Seelsorgetraining ist man am Gesprächsbeginn oft scheu . . .

. . . oder abgelenkt.

Durch einzelne Mißerfolge darf man sich aber nicht verdrießen lassen:

Aus manchem kleinen Besuch wurde schon eine dauerhafte Beziehung.

„DA HILFT NUR NOCH BETEN“

Gebetet wird in allen Religionen . . .

. . . und aus mancherlei Gründen.

Bei uns hingegen ist es längst nicht mehr selbstverständlich . . .

. . . und kostet viele Menschen Überwindung . . .

. . . es sei denn, sie haben beruflich . . .

. . . oder ehrenamtlich damit zu tun.

Daß Not beten lehrt . . .

. . . gilt vielleicht gerade in unseren Zeiten.

Viele allerdings erwarten sich zuviel vom Gebet . . .

. . . und sehen es arg einseitig.

Dabei sind Beter weder faul . . .

. . . noch an bestimmte Voraussetzungen gebunden.

Schließlich ist Beten so einfach; sei es in der Gruppe . . .

. . . oder allein!

Endlich! Der Pfarrer, der allen Ansprüchen gerecht wird!

ENDE